Género Ficción realista

I0806503

Pregunta esencial

¿Cómo afectan tus acciones a los demás?

Sí puedo

Ángela María Pérez Beltrán
ilustrado por Carlos Díaz

CAPÍTULO 1

MARIELA PIERDE TODO

Mariela es una niña muy dulce e inteligente. Pero, por alguna razón, es despistada y pierde sus cosas fácilmente.

Un día, salió en bicicleta al parque y perdió el casco. Otro día, salió a patinar y... ¡perdió un zapato! Cada día, extraviaba un objeto diferente en un lugar diferente. Sus padres estaban muy preocupados.

—Mariela, ¿dónde tienes la cabeza? —le preguntó su madre.

Mariela miró al techo, al piso y detrás de la biblioteca. Luego, hizo como si no encontrara su cabeza. Sus padres sonrieron disimuladamente. Aunque lo que querían era que su hija cayera en cuenta de su falta de atención y fuera más cuidadosa.

—Necesitas estar atenta y ser ordenada. ¡Tú puedes ser una niña responsable! —dijo su padre con entusiasmo.

Mariela prometió a sus padres que, desde ese día, estaría atenta a todo y cuidaría sus cosas. Pero no fue así.

La semana siguiente, los padres hablaron con Bernardo, el hermano mayor de Mariela.

—Bernardo, si tu hermana va al parque, acompáñala. Observa qué hace con sus cosas. Mira por qué se distrae tanto —le pidió su madre.

—Está bien, mamá. ¡Seré el detective más sagaz de la cuadra! —contestó Bernardo.

CAPÍTULO 2

MARIELA Y BERNARDO

Al día siguiente, Bernardo fue con Mariela al parque. La niña estaba feliz, porque hacía mucho tiempo que no salía con su hermano. Bernardo le recordó que estuviera atenta. Justo cuando se disponía a observar a su hermana, vio a sus amigos. Así que quiso jugar con ellos.

—Mariela, mientras montas bici, yo iré a jugar canicas con mis amigos. Estaré con ellos un rato. ¿Los ves? —le preguntó Bernardo.

AHORA COMPRUEBA

¿Por qué Bernardo le recomendó a Mariela que estuviera atenta?

—Sí, los veo. No te preocupes. Yo cuidaré mis cosas. Si te necesito, te llamo.

Bernardo se emocionó con el juego. No supo en qué momento su hermana perdió la mochila. De regreso a casa, Bernardo les explicó a sus padres lo que pasó y aseguró que no volvería a suceder. Mariela, con cara de angelito, pensaba: "Esta vez, no fue mi responsabilidad".

Unos días después, Bernardo llevó a Mariela a otro parque.

Allí, Mariela vio un colorido carrusel con caballitos, una fuente con una estatua y muchos juegos divertidos. La niña <u>estaba fascinada.</u> Mientras ella observaba todo esto, su hermano se alejó por un momento para comprar helados.

A Mariela le encantó la fuente. Estaba tan distraída mirando la gran estatua, que no se dio cuenta de que cerca había un charco. Sin fijarse, pisó dentro del charco. Se mojó los pies y dejó caer su muñeco favorito, un simpático monstruo de color violeta.

AHORA COMPRUEBA

¿Por qué Mariela dejó caer su muñeco favorito?

Detective del lenguaje

El texto subrayado es un predicado. Identifica otro predicado en esta página.

CAPÍTULO 3

EL JUGUETE EN EL CHARCO

Bernardo caminaba hacia su hermana haciendo equilibrio con los dos helados. De pronto, pasó a su lado un chico en monopatín. ¡Por poco le tumba los helados! Tuvo que dar dos giros para evitar que se cayeran al piso. El chico del monopatín fue en dirección a la fuente y empezó a dar vueltas alrededor.

El chico se deslizó cerca del charco. Vio el monstruo de color violeta. Entonces hizo una maniobra para no pasar sobre él. Pero, sin querer, perdió el equilibrio y cayó sobre el muñeco.

Mariela vio su muñeco aplastado y empezó a gritar. Cuando Bernardo llegó, no supo qué hacer: si consolar a su hermana o ayudar al chico. ¡Todo era un caos!

AHORA COMPRUEBA

¿Por qué Mariela empezó a llorar?

—¡No! Es mi muñeco favorito. Está aplastado. Míralo, se ve horrible —dijo Mariela desconsolada.

—No seas exagerada, Mariela. Tu monstruo ahora se ve genial. ¡Parece una tachuela! —respondió Bernardo mientras ayudaba al chico del monopatín.

—¡No es una tachuela! —respondió Mariela.

—Entonces, lo podemos tirar en el basurero. Allí, tal vez encuentre a alguien que lo quiera como está —dijo Bernardo comprobando que el chico no había sufrido ningún daño.

Mariela dejó el monstruo estropeado en un gran bote de basura. Los dos hermanos regresaron a casa caminando en completo silencio.

Cuando llegaron, les contaron a sus padres lo sucedido. Ellos comprendieron que la atención de Bernardo había brillado por su ausencia, pues no había estado pendiente de su hermana. Y Mariela tampoco había cuidado su juguete, y este se había echado a perder. Además, con su descuido, Mariela había hecho caer al chico del monopatín. Sus padres no estaban nada contentos.

Detective del lenguaje	**La palabra subrayada es un nombre propio. Identifica otro nombre propio en esta página.**

CAPÍTULO 4

LA DECISIÓN DE MARIELA

El lunes siguiente, en la escuela, Mariela le contó a Pamela, una compañera de clase, las últimas veces que había extraviado algo por estar despistada. ¡Era tiempo de cambiar!

—El casco —explicó Mariela— me quedaba pequeño, me lo quité, lo puse en la canastilla de mi bici y le dije: "quieto". Cuando lo busqué, no lo encontré. Para ponerme los patines, me quité los zapatos. Los lancé al aire para que colgaran de un árbol. Nunca supe dónde quedó uno de ellos. Dejé mi mochila sobre una banqueta mientras paseaba, pero...

—Y lo peor —continuó Mariela— sucedió el sábado. ¡Estaba mirando una bonita fuente! No me di cuenta cuándo dejé caer mi muñeco. Un chico en monopatín, por no aplastarlo, trató de esquivarlo y se resbaló. De todas formas, lo aplastó. Quedó como una tachuela... ¡Fue horrible! Mis papás y Bernardo siguen enojados conmigo.

Pamela le prometió pensar en algo para ayudarla. Buscó a Sammy, otro compañero, y le contó la historia de cómo Mariela perdía las cosas. El chico decidió hablar con Mariela.

Mariela iba caminando por la calle. Estaba cerca a su casa, cuando Sammy la alcanzó. Su amigo le propuso que pensara en una forma de solucionar su problema.

—¿Cómo sabes que siempre pierdo mis cosas? —preguntó Mariela.

—¡Me lo contó un pajarito! —respondió Sammy—. Estoy seguro de que si te lo propones, lo lograrás. Puedes hacer daño a otras personas con tu descuido. Mira, por ejemplo, el chico del monopatín.

Mariela, primero seria y luego sonriente, escuchó a su amigo y de repente dijo:

—¡Sí puedo hacerlo! Llegó la hora de ser responsable. No quiero hacer daño a otras personas. Tampoco que mi familia se enoje conmigo.

Desde ese día, Mariela procuró estar atenta. Gracias a su gran esfuerzo, fortaleció su autoestima. Sus padres y Bernardo se alegraron mucho y no tuvieron que estar pendientes de los objetos de Mariela todo el tiempo.

Respuesta a la lectura

Resumir

Usa los detalles importantes de *Sí puedo* para resumir el cuento. Usa el organizador gráfico como ayuda

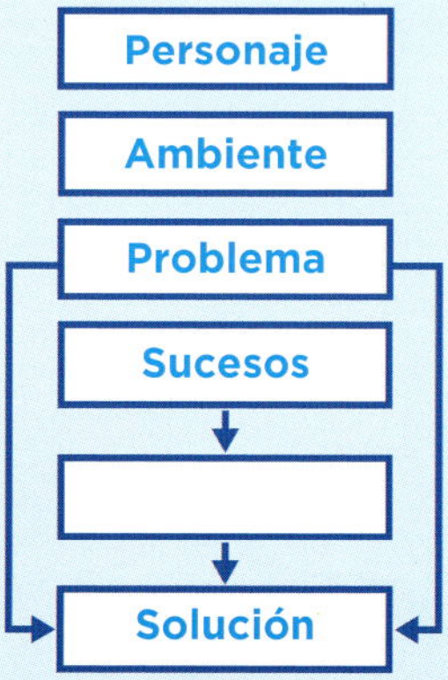

Evidencia en el texto

1. ¿Cómo sabes que *Sí puedo* es ficción realista? Identifica una característica que te permita determinarlo. **GÉNERO**

2. ¿Cuál es el problema de Mariela? ¿Cómo lo resuelve? **PROBLEMA Y SOLUCIÓN**

3. En la página 14, ¿qué quiso decir Sammy con *me lo contó un pajarito*? **MODISMOS**

4. Escribe sobre la manera como las acciones de Mariela afectan a las personas que la rodean. Asegúrate de describir el problema y su solución. **ESCRIBIR SOBRE LA LECTURA**

Género Texto expositivo

Compara los textos

Lee cómo una campeona de las Olimpiadas Especiales ayuda a los demás.

Hacer la diferencia

Loretta Claiborne es una de las atletas más conocidas de las Olimpiadas Especiales. Nació con discapacidad cognitiva y ceguera parcial. En la escuela, la molestaban por ser "diferente".

Claiborne empezó a correr cuando se enteró de las Olimpiadas Especiales. Y no ha parado desde entonces.

"Encuentra una oportunidad y aprovéchala. Sé lo mejor que puedas ser y no dejes que nadie dude de ti".

Loretta Claiborne

DIRK SHADD KRT/Newscom

Claiborne ha participado en muchas Olimpiadas Especiales. También ha ganado muchos premios. Pertenece al Salón de la Fama del Deporte. Se rodó una película sobre su vida. Su historia es una fuente de inspiración y esperanza para muchos atletas jóvenes.

Las Olimpiadas Especiales

Cada cuatro años, personas de más de 150 países se reúnen para competir en las Olimpiadas Especiales Mundiales.

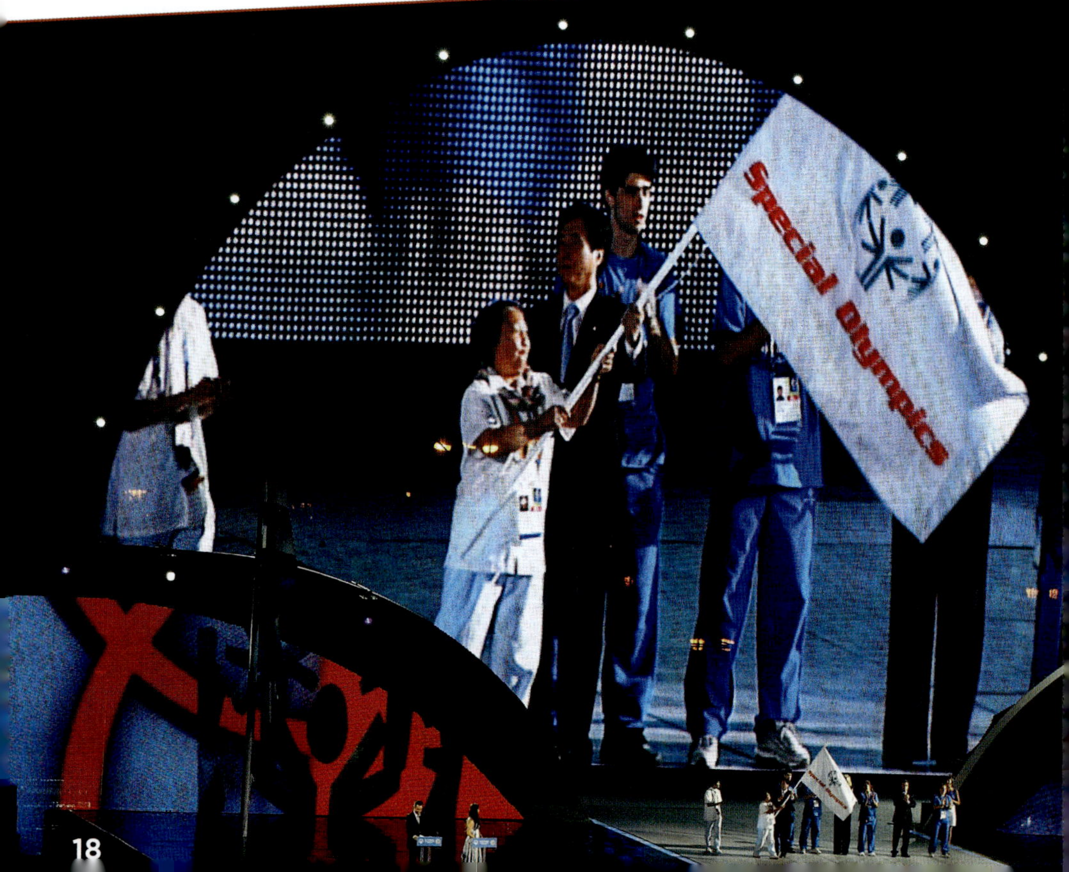

Vladimir Rys/Stringer/Getty Images Sport/Getty Images

Loretta Claiborne dice que las Olimpiadas Especiales la ayudaron a descubrir su talento para correr y convertirse en una campeona. Actualmente, trabaja con personas que tienen discapacidad cognitiva. Las ayuda a tener una mejor calidad de vida. Denuncia el acoso escolar. También trabaja como entrenadora para las Olimpiadas Especiales.

Para Loretta Claiborne, las medallas no son su mejor recompensa. Ayudar a los demás a dar lo mejor de sí mismos es lo que más le gusta.

Realistic Reflections

Ser voluntario

Los voluntarios trabajan como entrenadores. También, organizan y dirigen eventos, entre muchas otras tareas. Ellos ayudan a que los atletas estén preparados para los juegos.

Haz conexiones

¿De qué manera Loretta Claiborne ayuda a otras personas? **PREGUNTA ESENCIAL**

¿Cuál es el mensaje acerca de ayudar a los demás en *Sí puedo* y *Hacer la diferencia*? **EL TEXTO Y OTROS TEXTOS**

Enfoque:

Elementos literarios

Modismos Los modismos son palabras o frases que tienen un significado diferente al significado literal de las palabras. Por ejemplo, el modismo *nadar entre dos aguas* significa que no puedes decidirte por algo. *Estar en la luna* significa no estar atento o no poner atención a lo que pasa alrededor.

Lee y descubre En la página 11 de *Sí puedo*, la atención de Bernardo *brilló por su ausencia* al descuidar a su hermana en el parque. Esto significa que no estuvo pendiente de su hermana como era de esperar.

Tu turno

Pan comido significa que algo es fácil de hacer. *Contra el reloj* significa que estás afanado y no tienes mucho tiempo. Con un compañero o una compañera, conversa acerca del significado de cada modismo. Luego, comenta otros que conozcas.